Vorwort

Liebe ist Motivation. Liebe ist Muse, Ansporn und Kraft.

Ohne deine Liebe wäre dieses Buch nie entstanden. Wahrscheinlich hätte ich nie wieder ein Blatt Papier in die Hand genommen, nie mehr die Träume gehabt, die ein Gedicht entstehen lassen oder die eine Geschichte in Bildern erzählen, die dann zügig aufzuschreiben ist, bevor sie im Unterbewusstsein verschwindet.

Ohne deine Liebe hätte ich wahrscheinlich sogar mehr aufgegeben als das Schreiben.

Ohne deine Liebe wäre das Gefühl verloren gegangen, wofür es sich lohnt zu leben und der Fantasie Platz zu lassen, sich zu entfalten.

Ohne deine Liebe und dein Vertrauen hätte ich auch nicht den Mut gehabt, andere Menschen an der Freude teilhaben zu lassen, die in mir gewachsen ist mit jedem Tag, den wir uns mit Gedichten und Geschichten bunt und fröhlich gemalt haben.

von Adriano

Dass wir Schlösser aus Luft und Sand gebaut haben, unseren Katzen eine Welt erschaffen haben, die bunter als Frühling und Herbst ist, war der Beginn eines Weges, den wir nun gemeinsam gehen.

Und so ist es richtig, dass unser beider Namen auf diesem kleinen Werk stehen, denn wir haben diese Welt genossen und sie aus der Fantasie in die Wirklichkeit geholt.

Mehr kann kein Mensch sich wünschen.

Danke Inga

Herstellung und Verlag:
BoD - Books on Demand, Norderstedt
ISBN 978-3-7386-0719-2

Mit dir

Wir sahen uns nur virtuell, doch trotzdem spürte ich ganz schnell, dass da etwas Besond'res war: DU bist ganz einfach wunderbar!

So wertvoll wie der größte Schatz, zur Nacht mein Kuscheldeckenplatz.

Mit dir, da kann ich Pferde stehlen, oder mit Freud` den Tag beseelen.

Mit dir von früh bis spät nur lachen und jede Menge Späße machen.

Mit dir, da ist der Tag viel heller, mit dir da schlägt mein Herz viel schneller.

Mit dir will ich viel Zeit verbringen, für dich bei Vollmond Lieder singen!

Mit dir will ich das Frühstück teilen, mit dir mich nach Paris abseilen, am liebsten täglich um die Welt, mit dir bis unters Sternenzelt.

Du bist für mich von größtem Wert, viel mehr als jedes Ritterschwert, mehr als Gold und Edelsteine, mit dir, da kommt mein Tag ins Reine.

Mit dir wünsch ich mir noch mehr Zeit, ne kleine Katzenewigkeit!

Mit dir, da brauch ich keine Ringe, es reicht, wenn ich vor Freude springe, wenn ich mit dir den Tag begrüße, und abends sag:

Schlaf gut, du Süße!

Seh ich am Morgen deine Augen

Seh ich am Morgen deine Augen, mit dem Talent, mich anzusaugen,

versinke ich in diesen Tiefen, die mich seit jeher zu dir riefen.

Jeden Wunsch dort abzulesen, beherrscht mein Katerdenken,

dem zauberhaften Katzenwesen mein täglich Herz zu schenken.

Der Sailor hat´s längst aufgegeben, sein wildes Katzpiratentum,

jetzt möcht' er nur noch bei dir kleben und findet´s gar nicht dumm.

Reisen tut er immer noch, sehr oft und auch sehr gerne, am liebsten in das Augenpaar, das leuchtet wie die Sterne.

Einfach lieb

Jedes Mal, wenn ich dich seh,
schreit mein kleines Herz: Juchhee!

Du bist mein Held, wie ihn wohl jeder gern hätt,
durch dich fühl ich mich erst komplett.

Mit dir möcht ich hinter'n Horizont und nie zurück,
du bist mein größtes Stück vom Glück.

Du bist so klug und witzig und herzensgut,
bei dir zu sein... wie gut das tut.

Und ich würd alles dafür machen,
bringst du mich einmal noch zum Lachen.

Und hast du's jetzt noch nicht gecheckt,
mit dir ist jeder Tag perfekt.

Warum ich dir dies alles schrieb?
Wollt doch nur sagen... ich hab dich lieb.

Wenn das so läuft

Es gibt so Tage, dann und wann, wo man es kaum ertragen kann,
am Morgen schon ´ne Scheißfrisur, das Krällchen hakelt im Velour,
und Herrchen, mit geübtem Blick, entdeckt den Filz am Po: "Gaaaanz dick!"
Wenn das so läuft, wenn das so ist, versteh ich, dass du traurig bist!
Mittags statt Thunfisch on the Rocks, kommt Herrchen mit der Katzenbox,
du kannst dich fauchend, beißend wehren, dem Filz hilft´s nichts bei Tierarztscheren!
Wenn das so läuft, wenn das so ist, versteh ich dass du traurig bist!
Zuhaus´ kriechst du gleich in die Ecke, verschanzt dich unter deiner Decke,
und nach dem blöden Tag, dem Langen, ist dir der Appetit vergangen.
Wenn du so guckst, wenn du so bist, mag ich´s nicht, wenn du traurig bist.
Ich schlage vor dir Purzelbäume, erzähl Geschichten, die ich träume,
tanz auf einem Bein herum und fall vor dir wie´n Tollpatsch um, von morgens früh bis spät des Nachts.

Am liebsten mag ich, wenn du lachst!

Einmal in tausend Katzenjahren

In meinem allerschönsten Traum, bin ich mit dir in einem Raum,
vorm Fenster gold'nes Abendlicht, das sich in bunten Blättern bricht,
vom Wind bewegt im Eichenbaum.

In Fels geschlagen der Moment, hinter der Tür die Stunde rennt,
verharrt hier drin der Mücken Tanz, gebannt in deiner Augen Glanz,
bis in der Zeit selbst Fels zu Staub verbrennt.

Einmal in tausend Katzenjahren, kann man dieses Glück erfahren,
wenn Seelen wie von selbst sich lenken, in die perfekte Richtung schwenken,
im Herzen den Moment bewahren.

Und wieder tausend Jahre hin, spür ich in meiner Seele drin,
dass Zeit hier keine Rolle spielt, wenn ich nur kurz dein Pfötchen hielt,
und einfach endlos glücklich bin.

Ich tanze

Ich tanze

für dich... wehmütig, geheimnisvoll, sehnsüchtig.

Stampfe

mit wirbelnden Pfoten meine Emotionen auf's Parkett,

im Rhythmus

meines Herzens erklingt die Kastagnett'.

Ich tanze

mit Freude im Augenglanze... tanze für dich!

mit federnden Schritten

leicht und beschwingt und trommelnden Pfoten, während die Gitarre erklingt.

In weicher Bewegung

Melancholie und Lebensfreude vereint, getanzte Leidenschaft, denn du bist gemeint!

Adriano's Urlaub

Der Sailor macht sich wieder leise auf eine kleine Solo-Reise.

Gen Süden führt der Weg nun wieder, im Kopf die altbekannten Lieder, die der Signore gerne singt, weil es so schön nach Lina klingt.

Er fühlt, die nächsten vierzehn Tage, die werden schwer, gar keine Frage, das Lachen fehlt und auch ein Knuddel für sein Seelenkuddelmuddel.

Er schnieft laut in sein Achterliek, was hilft's, ein kleiner Blick zurück, dann nach vorn, da schwimmt der Wal, gegrübelt wird ein and'res Mal.

Vergnügt dreht er noch einmal um, fährt dabei fast den Flipper um und malt auf's Wasser mit Fortune: ein Riesenherz in türkisgrün.

So ist's nun mal, genug der Trauer, keine Trennung ist von Dauer! Katz kommt nicht immer bis zum Gipfel, vom Glück reicht oft ein kleiner Zipfel. Den zu packen ist die Kunst, dann hat man auch mal Neptuns Gunst.

So kommt der Sailor mit etwas Glück, wieder zu seinem Herz zurück. Dann gibt es eine Riesensause, mit Flamingo und viel Brause!

Fantastische Reisen

Langsam gewöhn ich mich daran, was alles so passieren kann.

Dass ich mich nicht zu Boden werf, wenn eine Schiffssirene nervt, und auch zu unchristlicher Zeit, ne riesengroße Möwe schreit.

Langsam gewöhn ich mich daran, weil man hier so viel machen kann, den Passagieren zuzusehen, einfach ins Casino gehen, am Pool die Füße abzukühlen oder in Linas Fell zu wühlen, langsam gewöhn ich mich daran.

Langsam gewöhn ich mich daran, es zieht mich voll in seinen Bann, dass kein Drink mehr grade steht, und man wie auf Eiern geht.

Langsam gewöhn ich mich daran, dass die Kuscheldecke schwankt, am Bullauge ein Blümchen rankt, und dass, wenn ich am Fenster steh, ich nur Wasser, Wasser seh.

Langsam gewöhn ich mich daran, dass hier auch nichts andres gilt, einer stets den Unhold spielt, der andere dann traurig schaut, so wurd' schon manch ein Weg verbaut.

Langsam gewöhn ich mich daran, dass irgendeiner mich vernatzt, Salzwasser am Popo kratzt, alles durcheinander rennt und der Typ im Ausguck pennt. Langsam gewöhn ich mich daran.

Nur wenn ich seh, wie süß du bist, mich nie bei Tag und Nacht vergisst, dann fühl ich mich gleich wieder heiter, du bist mein liebster Wegbegleiter.

Singen, lachen, kuscheln, klönen, daran kann ich mich gut gewöhnen…

Gedankenflug

Wenn ich grad nicht nah bei dir bin,
fliegt mein Gedanke zu dir hin.

Macht sich auf zu später Stunde,
dreht noch schnell 'ne Loopingrunde.

Dann macht er sich auf seine Reise,
zielbewusst auf seine Weise,

trotzt Regen, Sturm, Naturgewalten,
ist einfach nicht mehr aufzuhalten.

Und wirst du am Morgen wach,
sitzt er schon auf deinem Dach,

schüttelt den Tau aus dem Gefieder
und trällert deine Lieblingslieder!

Wenn du ihn magst, dann bleibt er da,
er ist da sehr, sehr treu,

und schon bin ich bei dir, ganz klar,
jeden einzelnen Tag auf's Neu!

Lina´s Lied

Ich sehe dich in jeder Welle,
spüre dich, halt ich die Nase in den Wind.

Schließ ich die Augen, bist du zur Stelle,
tief in mein Herz gemalt, wo nur bunte Farben sind.

Du fliegst durch meine Träume,
ich seh dich in jedem Schmetterling.

Keinen Gedanken, den ich ohne dich versäume,
jeder Versuch sich zu wehren hat keinen Sinn.

Ich finde dich in jeder Geschichte,
höre dich in jedem schönen Lied.

Fühle es in der Seele, wenn ich dichte,
dass es diese Verbundenheit gibt.

Schenk mir noch ein Jahr

Heyyyyyyyyyyyyy, Momeeeeeent, eine Sekunde!
Komm, noch eine kleine Runde,
ich bin heut` mit dem Glück im Bunde,
komm, schenk mir noch die eine Stunde!

Ich weiß nicht, ob ich es ihr sage,
ob ich es heute wirklich wage,
na komm, nur diese kleine Frage,
schenk mir doch noch ein paar Tage!

Ich bin schon echt ein harter Knochen,
kämpf mit dem Hai und auch mit Rochen,
doch nun ist mein Herz gebrochen,
komm, schenk mir doch nur ein paar Wochen!

Hier steh ich nun in meiner Bar,
denk an das, was so geschah,
find es einfach wunderbar,
ach, bitte, schenk mir noch ein Jahr.

Man sagt, die Katz hat sieben Leben,
sechs würde ich dir gerne geben,
am siebten würd´ ich etwas kleben,
und an den Träumen weiter weben.

Ein weißes Blatt Papier

Vor mir liegt ein Blatt Papier, denn meine Worte möchten so gern zu dir,

doch...

Wie soll ich beschreiben, was so unbeschreiblich ist.

Wie soll ich formulieren, was eine Zauberformel hat.

Wie soll ich erklären, was einfach unerklärlich ist.

Wenn Worte meine Sprache wären, säße ich nicht vor einem weißen Blatt!

doch...

Wie gern würd ich verfassen, wie unfassbar schön es mit dir ist.

Wie gern würd ich dir sagen, wie unsagbar lieb ich dich hab.

Wie gern würd ich bemerken, wie überaus bemerkenswert du bist.

Wenn ich doch nur dichten könnte, säße ich nicht vor einem weißen Blatt!

doch...

Wie kann ich ausdrücken, dass ich ausdrücklich nie genug von dir kriege.

Wie kann ich festhalten, wie fest du mein Herz in deinen Pfoten hältst.

Wie kann ich aussprechen, wie unaussprechlich gern ich mit dir fliege.

Ich kann es nicht, drum bleibt es hier...

ein weißes Blatt Papier.

Kleiner Stern

Ein kleiner Stern am Firmament,
im Sternbild, das man „Wagen" nennt,
war leider völlig unbekannt, und noch dazu auch unbenannt,
das hat der Schöpfer wohl verpennt.

Er dachte, das kann nicht so bleiben,
und fing gleich an, ´nen Brief zu schreiben,
schickte ihn, so geht das schnell, mit der Kometen-DHL,
die grenzenlos durchs Weltall treiben.

Auf uns´rer Erde, schön und blau,
lebte die Lina, klein und schlau,
sah eine Schnuppe erdwärts sausen, dachte sich erst, s´ wär was zum Mausen,
betrachtet dann das Ding genau!

Na, so haben wir das gern,
Post von einem and'ren Stern,
doch wie sie las, tat er ihr leid, verlor darauf hin keine Zeit,
wie nennen wir den kleinen Herrn?

Nun steht er da am Himmelszelt,
erzählt es gern der ganzen Welt,
dass er nun Linadri heißt, und künftig mit ´nem Namen reist,
über zwei Katzen Wache hält.

Lichtertanz

Im morgendlichen Lichtertanz, seh ich in deiner Augen Glanz, die Welt, so wie sie sollte sein, so hell, so klar, so warm, so rein, und schreite Seit an Seit einher, mit dir durchs Sommerblütenmeer.

Und in unseren Gedanken, ein Paradies, ganz ohne Schranken, mit Wiesen, Wäldern, ohne Straßen, Schönheit über alle Maßen!

Im Meer von tausend Schmetterlingen, hört man uns Lieblingslieder singen, in weißer Gischt die Wellen reiten und mit Ballons durch Lüfte gleiten.

So wandern wir durch die Gezeiten, lassen von Träumen nur uns leiten, bis uns des Tages Wahrheit weckt, und uns in unserer Welt entdeckt.

Doch, was soll´s, ist´s auch nur Schein, morgen wird's genauso sein.

Und so beginnt ein jeder Tag, in deinem Blick, den ich so mag!

Kindergeschichten und andere Jahreszeiten...

Von der Jagd und von der Liebe

Ich hatte in meinem Leben noch nie eine Motte oder einen Nachtfalter gefangen. Das war die Aufgabe der Mädchen, die mit Engelsgeduld herumliegen und auf den goldenen Moment warten, stundenlang und unermüdlich, um dann mit tödlicher Präzision zuzuschlagen. Dann wird die Beute schnell verschlungen, noch bevor ich sie der Emily oder dem Bienchen wegmopsen kann.

Auch war es mir eigentlich viel zu langweilig, lieber hätte ich eines der Eichhörnchen oder einen coolen Igel gehabt, die manchmal an unserem Reich vorbeikamen und freundlich grüßten. Oder die fette Amsel, die – mit hämischem Gekreisch – gern oben auf dem Spalier landet und genau weiß, dass das Katzennetz den letzten Schlag verhindert.

Doch heute war mein Tag! Auf meinem kleinen Aussenkratzbaum träume ich in den Garten hinein, die ersten Solarleuchten funzeln in der Dämmerung des Tages... da ist: SIE! Die schöne kleine Motte! Direkt über mir, hektisch flatternd auf der Suche nach Oleanderblüten, ein Klacks für eine Sportwaffe wie mich. Entdecken, fixieren, anspannen uuuuuund ab.

Die Krallenspitze verharrt in einer Höhe von 1,5132 Metern. Nötig wären 1,5134 Meter gewesen! Kein Problem, Landeanflug einleiten... einmal dort oben, hast du nicht mehr die Wahl.

Klar, die Koordination ist trainiert. Vorderpfoten zur Landung ausrichten, locker in den Kniegelenken und im richtigen Moment die Luft rauslassen und auf die Hinterpfoten warten... tausendmal probiert, tausend Mal ist nix passiert. Kinderspiel.

Allein Richtungsänderungen in luftiger Höhe sind nicht im System enthalten und auch als Extra nicht zu erwerben. Die Schwerkraft lässt das opulente Hinterteil mit unwiderstehlichem Druck von siebeneinhalb Kilo auf das Vorderteil in Richtung Boden drücken. Wähle Tatze 1, 2 oder beide. Punkt.

Spätestens bei Höhe 1,2129 merke ich, dass heute nicht mein Tag ist. 0,3 Seconds to Destination... Der Wassernapf. Mit rasender Geschwindigkeit kommt das Elend auf mich zugerast, unaufhaltsam und gnadenlos. Die Pfoten teilen das Wasser, die obere Hälfte der Fontäne schwappt über meine Ohren, die untere an meinem Bauch entlang, eisig, schockierend kalt verwandelt es mein Wuschelfell in ein triefendes Feuchtgebiet.

Unter dem höhnischen Gelächter der Damen trabe ich hinein, ich brauche jetzt was zu essen für die gekränkte Seele. Frauchen folgt mir mit aufmunternden Worten: „macht der Blödmann mir die ganze Wohnung nass!" An Tagen wie diesen...

Aufgeben? Ich? Niemals... der Samstag zieht ins Land, 35 Grad... die Sonne versinkt... die Stunde der Nachtfalter.

Ich halte mich dezent zurück, tue unbeteiligt und beobachte die Hopser der Ladies, die sich ein Leckerchen nach dem nächsten aus der Luft holen und mit schiefem Seitenblick auf den Waterworld-Hauptdarsteller verdrücken. Pah, Weiber!

Ich säubere entspannt meine Krällchen... da sehe ich sie! Zwei Nachtfalter im Liebesspiel torkeln durch die Luft, landen auf dem Kammertürchen und hauchen sich zärtliche Liebesschwüre zu... versunken in ihrer Welt, blind für alles um sich herum! Mein Einsatz.

Ich war wohl der Einzige, der sie dort ausgemacht hat... sie sitzen in Augenhöhe auf der Tür, ich lege die Tatze auf das Pärchen und... vernasche die Glücklichen im 2in1 Happymeal! Mmmmmmh, einmalig, ein Genuss! Mottorado für kleine Gourmets! Bewundernd schauen die Damen mir zu... ein Held des Abends, Jäger der Nacht, der Tiger von Eshnapur.

Glücklich schlafe ich an diesem Abend auf meinem Kratzbaum ein... und träume von einem verliebten Libellenpärchen, dass sich in den letzten Sonnenstrahlen des Tages in der Nähe des Möhnesees zärtliche Liebesschwüre zu haucht... die schwarzweiße Kuhkatze im Hintergrund haben sie wohl übersehen.

Amor meets Diana

Eine Weihnachtsgeschichte

Als auch das letzte halbwegs heile Geschenkpapier zerfetzt und zerknittert unter dem Wohnzimmerschrank verschwand, so, dass man es nicht einmal mehr mit größter Anstrengung und ausgefahrenen Krällchen erreichen konnte, als Herrchen die heruntergepurzelten Kugeln unter dem Weihnachtsbaum eingesammelt und sicherheitshalber in einer Schublade verstaut hatte, fiel der kleine Adriano in seine Kratzbaum-Hängematte und schlief augenblicklich ein.

Als er mitten in der Nacht erwachte, meinte er ein sanftes Streicheln auf seinem Rücken gefühlt zu haben. Er öffnete vorsichtig ein Auge und wurde unmittelbar von einem hellen Licht aufgeschreckt. „Keine Angst", flüsterte sanft ein großer, blütenweißer Kater, auf dessen Rücken sich Flügel befanden, die dieses sternengleiche Licht im Raum verbreiteten, und fuhr fort, Adriano zu streicheln. „Du bist unglücklich?" fragte das seltsame Wesen und sah tief in Adrianos Augen. „Ein wenig schon", antwortete Adriano. „Alle schimpfen mit mir, wenn ich in dem bunten Baum herumklettere, und dass ich die schönen, bunte Pakete ausgepackt habe, als alle in der Kirche waren, hat ihnen auch nicht gefallen, Adriano mach dies nicht, Adriano mach das nicht, komm daraus…, ich weiß gar nicht, ob die mich noch mögen! Sonst wurde ich jeden Tag nur gestreichelt und verwöhnt."

„Halt dich an mir fest", sagte der weiße Kater, und als Adriano zupackte und sich am Rücken des Großen festhielt, wurde er in atemberaubender Geschwindigkeit hinauf zum Sternenzelt getragen, ohne dass das Fenster im Wohnzimmer auch nur ein kleines Hindernis dargestellt hätte.

Im Flug durch Spiralnebel und vorbei an Milliarden von Sternschnuppen tauchten sie in ein regenbogenfarbenes Sternenfeld ein, und kurz darauf endete der rasante Flug am Fuß eines gigantischen Weihnachtsbaumes, dessen Kerzen in gleißendem Licht strahlten, so hell, dass Adriano zunächst gar nichts mehr sah.

Dann kristallisierten sich bunte Kugeln heraus, Strohsterne raschelten von Geisterhand bewegt, und plötzlich sah er sie: Ungezählte kleine Katzen kletterten im Dickicht der Zweige herum, purzelten, schaukelten und baumelten zwischen herabfallendem Baumschmuck, der sich immer wieder selbst und wie durch Zauberei an anderer Stelle an den Baum hängte.

Das Lachen der tobenden Katzen erfüllte nun den ganzen Ort, und Adriano fragte schüchtern:" Wer sind die alle?" „Das sind alle Katzen der vergangenen Jahrhunderte, die einmal auf der Erde gelebt haben", antwortete der Große, und plötzlich raste ein hübscher, junger Kater mit großen, strahlenden Augen und hoch erhobenem buschigem Schweif auf sie zu. „Hey, du Trauerklops, was bläst du Trübsal an diesem wunderbaren Ort?" fragte er, und ohne dass Adriano etwas sagen konnte, fuhr der lustige Kater fort zu sprechen:" Als ich klein war, ging es mir wie dir, alle meckerten, der schöne Baum, die schönen Kugeln, und ich war traurig wie du. Im nächsten Jahr war ich erwachsen, und ich habe nur noch ein bisschen am Baum gerupft, und im dritten Jahr haben die Menschen Strohsterne ganz nach unten gehängt, damit ich mit ihnen spielen konnte.

Sie haben gelächelt, wenn ich den Strohstern durch die Wohnung gejagt habe, und das Geschenkpapier haben sie vor mich hingelegt und die Paketbändchen darunter weggezogen, damit ich in den Knäuel hineinspringe! Und als ich gehen musste, saßen sie unter dem Weihnachtsbaum, und sie haben geweint, weil niemand mehr die Kugeln hinunterwarf oder einen Stern jagte. Und jetzt geh los und tobe, ohne an Morgen zu denken, und wenn sie schimpfen, dann denk an meine Worte! Sie lieben dich so sehr, und was ist ein Meckertag gegen 364 Tage Liebe!"

„Kenne ich dich nicht von irgendwo her?" fragte Adriano den wuscheligen Kater. „Schau auf die Bilder deiner Menschen, vielleicht erkennst du mich ja dort!" Der Kater gab Adriano einen tüchtigen Nasenstubser und raste zurück in den Baum, um wieder mit dem wilden Spiel zu beginnen. „Komm," sagte der Große, und Adriano hielt sich wieder an ihm fest, und wieder hoben sie ab und jagten davon.

Adriano sah noch einmal zurück, und viele der kleinen Katzen winkten ihm fröhlich zu. „Sie sind hier alle wieder jung und gesund, egal was ihnen in ihrem Leben geschehen ist," rief ihm der Große zu, und Augenblicke später war er wieder auf seinem Kuschelplatz... Am Morgen erwachte er sehr früh, alle schliefen noch, und er sprang hinab vom Kratzbaum und hinein in den Weihnachtsbaum. „Adrianooo!" tönte es von allen Seiten, und als er aus dem Baum stob, sah er, dass Herrchen grinste, während Adriano unter seiner Hand hindurchfegte. In der Diele stoppte er seinen Lauf, und sein Blick fiel auf ein Foto an der Wand, und, ja, ganz sicher, der große wuschelige Kater auf dem Foto hatte ihm gerade zugezwinkert.

Frohe Weihnachten!

Alle Jahre wieder...

Der 24. Dezember! Wie in jedem Jahr bereiten sich die Engel auf die Reise zur Erde vor, um die Menschenkinder zu beschenken. Zu Tausenden schwärmen sie aus, denn sie haben nur wenig Zeit, und am 27. Dezember beginnt ja schon die Vorbereitung auf das nächste Fest! Die Menschen geben ihnen viele Namen, Nikolaus, Weihnachtsmann, Christkind... es gibt ja auch so viele verschiedene Arten zu glauben. Manche sehen sie in den leuchtenden Augen der Kinder, andere im Glanz der Augen ihres geliebten Tieres, wenn es am Heiligen Abend sein Lieblingsfutter bekommt.

In diesem Jahr sind auch wieder viele neue Engel dabei, und sie sind aufgeregt und gespannt auf ihre erste Mission auf der Erde! Auch die kleine Engelsanwärterin Angelina hatte ihren ersten Auftrag, und sie las den Zettel mit dem Namen des Kindes, das sie beschenken sollte, bestimmt hundert Mal durch und prägte sich den Namen des kleinen Dorfes hoch im Norden Deutschlands ein.

Und dann war es soweit, 24. Dezember 2009, acht Uhr am Morgen. Die Engel flogen aus der himmlischen Galaxie schnurstracks Richtung Erde, und zur Bescherung waren alle pünktlich bei ihrem Paten. Fast alle. Einer eben nicht. Angelina war eigentlich schon angekommen, als ihr in einem kleinen Waldstück zwei spielende Rehkitze auffielen,

und sie beobachtete entzückt die rasanten Spurts und wilden Drehungen.
Ein Schlag der Flügel, Sternenstaub, und das Engelchen war plötzlich ein Rehkitz und mittendrin im wilden Spiel. Erst nachdem die Kitze von ihrer Mutter gerufen wurden, besann sich der kleine Engel auf seine Aufgabe und lief schnell los. Doch nur wenige Meter weiter erregte erneut etwas seine Aufmerksamkeit: ein Fuchsjunges hatte sich verlaufen und irrte panisch durch das dichte Unterholz. Der kleine Engel hob es behutsam hoch, drückte es an seine Brust und setzte sich mit ihm an einen Baum. Das Fuchsjunge beruhigte sich schnell, und beide schliefen ein.

Und so fand die Fuchsmutter die Beiden, als sie drei Tage später erschöpft zu ihrem Bau kam. Sie war von Hunden gejagt worden und weit von ihrem Bau in einer tiefen Höhle verschwunden, und sie hatte kaum Hoffnung, ihr Junges wiederzusehen. Umso verblüffter war sie, als sie knapp neben dem Fuchsbau die Schlafenden sah, und als sie den kleinen Engel anstupste, fuhren beide erschrocken hoch. Das Junge begrüßte die Mutter überschwänglich, und diese bedankte sich herzlich bei dem kleinen Engel.

„Was tust du eigentlich hier, das Weihnachtsfest ist doch schon vorüber?" fragte die Füchsin. Der kleine Engel riss die Augen auf. „Vorbei? Weihnachten vorbei? Und was mach ich jetzt?", rief der kleine Engel entgeistert.

„Kannst du denn nicht einfach zurückfliegen?", fragte der Fuchs, doch Angelina erklärte ihm, das sie den Weg gar nicht kenne und die Erde sich ja weiter gedreht hätte und das Tor ja auch zu wäre..." Ich muss jetzt bis zum 24.12.2010 hier bleiben!"

Die Füchsin wandte ein, dass es wohl kaum möglich wäre, ein Jahr als Engel durch die Gegend zu laufen, die Menschen würden sich furchtbar erschrecken und sie sicher irgendwo einsperren, weil man das hier mit allem Unbekannten so macht.

Also überlegten sie gemeinsam, in welcher Gestalt Angelina das Jahr verbringen sollte. Bär, Eichhörnchen, Fuchs, Reh... immer hatte die Füchsin Bedenken, dass es viel zu gefährlich sei, weil sich der kleine Engel ja mit dem Leben der Tiere nicht auskannte und überall Gefahren lauerten. Und plötzlich hatte Frau Fuchs eine Idee! „Geh auf den Bauernhof, nur wenige hundert Meter von hier. Dort leben Katzen, viele Katzen, und denen geht es gut dort, und viele von ihnen finden ein tolles Zuhause! So kannst du das Jahr sicher und im Warmen verbringen, und niemand schert sich um dich, bis es wieder Weihnachten ist!"

Gesagt, getan, ein Flügelschlag, und eine kleine wuschelige Katze mit wunderschönen grünen Augen stand vor der Fuchsmama, und gut gelaunt stiefelte das Kätzchen in die Richtung, die ihr beschrieben worden war. „Ich danke dir! Und pass auf die Füchse auf, " rief die Füchsin hinter ihr her und lachte.

Aber ein Problem blieb, denn Angelina hatte immer noch das schön verpackte Geschenk im Rucksack, und so machte sie einen kleinen Bogen, fand das Haus, an dem sie am Heiligen Abend hätte sein sollen, und als sie sah, dass die Luft rein war, warf sie das Paket flugs in den Garten. Zugestellt ist zugestellt, dachte sie und setzte ihren Weg fort.

Schon bald fand sie den Bauernhof, den die Füchsin beschrieben hatte, und niemandem fiel auf, dass plötzlich eine Katze mehr da war. Die älteren Katzen nahmen kaum Notiz von der Kleinen, und sie nahm niemandem etwas weg und fügte sich schnell ins Hofleben ein. Nur manche Katzen wunderte es, dass sie nicht wuchs, sondern klein wie eine Dreimonatskatze blieb. So vergingen die Wochen, und das Futter war prima, nicht super, aber in Ordnung, und das Hofleben war interessant.

An einem Tag im Mai änderte sich für Angelina plötzlich alles. Eine Frau kam auf den Hof, sprach lange mit dem Bauern und zeigte auf sie. Sie kam dann näher und meinte „Bist du süüüüüß!", und Angelina freute sich über die Liebe in ihrer Stimme. Doch die Frau ging wieder, und alles war wie zuvor, doch Angelina dachte oft an den Besuch. Und einige Wochen später war Frau Bistdusüß wieder da, und Angelina kam in eine Box, und die Box in ein Auto, das Auto fuhr los, und vorn auf dem Sitz saß Frau Bistdusüß und plauderte auf den kleinen Engel ein. Himmel, welch ein Durcheinander!

Und so fand eine kleine Katze ein neues Zuhause, und Frau Bistdusüß nannte sie Lina, und dass gefiel dem kleinen Engel, und das Futter war exzellent, und man war lieb zu ihr und die anderen Katzen waren freundlich und hatten es genauso gut wie sie. Na, dachte der kleine Engel, so lässt es sich bis Weihnachten aushalten!

Die Monate vergingen, und das Weihnachtsfest rückte näher, aber das Leben bei Frau Bistdusüß war schön, kuschelige Plätze, Streicheleinheiten und nette Mitbewohner. Und als der 24. Dezember 2010 kam, war Lina völlig verzweifelt, denn eigentlich gefiel es ihr viel besser bei Frau Bistdusüß als beim Chefengel und seinen ständigen Anweisungen. Auf ein Jahr kommt es doch wohl nicht an, dachte der kleine Engel, der nicht mehr ganz so klein war, denn Lotte hatte ihr den Tipp gegeben, doch ein wenig zu wachsen, was sich mit etwas Sternenstaub bewerkstelligen ließ.

Und so verschwand Lina am Heiligen Abend in einer Bücherbox im Keller und rührte sich drei Tage nicht von der Stelle. Und am 27. Dezember tauchte sie wieder auf und führte ihr fröhliches Leben einfach weiter.

Im Herbst des Jahres 2011 gab es überall in der Nachbarschaft Gerüchte über eine verruchte Bar, die ein italienischer Kater etwas südlich am Strand eröffnet haben sollte. Seltsames Volk sollte sich dort herumtreiben, Alkohol sei im Spiel, so hieß es, immer wieder wurde eine leicht angetüddelte Kuhkatze dort gesichtet.

Auch ein Psychologie-Professor mit chronischer Sprachstörung, ein schwarzer Lebemann mit Unmengen von Geld, ein Gigolo mit türkisfarbenen Augen, eine weiße Diva, eine Sterneköchin nebst minderjährigem Begleiter , eine Rotkaterbande und viele andere dubiose Charakter waren Dorfgespräch.

Es sollte einen furchtbaren weißen Türsteher geben, und eine Dogge sei jeden Morgen zum Kaffee dort. Kater, die kaum noch sehen oder gehen konnten, trafen sich angeblich zum Glücksspiel und Schlimmerem.

Da bleibt man weg, rieten die Nachbarn. Das hätten sie besser nicht gesagt. Linas Neugierde war geweckt, und eines Abends schlich sie sich in der Dämmerung aus dem Haus und begann ihre Wanderung nach Süden.

Fröhlich und voller Tatendrang fand Lina am 3. Tag ihrer Reise die kleine Bar in Westerdeichstrich. Eigentlich sah es gar nicht ungemütlich aus, vor der Tür döste der Türsteher im Schaukelstuhl, und die Tür stand einladend weit offen, Gelächter drang heraus. Also, Herz gefasst und hinein.

Die Kuhkatze saß auf dem ersten Barhocker direkt an der Tür, einen Wimbledon-Gedächtnishut mit Erdbeer-Sahne-Applikationen auf dem Kopf und nippte an einem froschgrünen Cocktail.

Der schwarze Kater flirtete Rhett-Buttler-like mit der Köchin, die erlesene Speisen auftischte, und ein kleiner popowackelnder Kater trank fröhlich Milch mit einem bunten Strohhalm. Der riesige Hund lag auf einer gigantischen Chaiselongue und schlürfte bedächtig Kaffee, der Professorkater spielte mit zwei anderen Rotfellchen Halma auf einem Hello-Kitty-Halma Brett, und ein gutaussehender Kater mit türkisfarbenen Augen zwinkerte und meinte zu ihr: „Na, so allein unterwegs, schönes Fräulein?"

Lina hatte jedoch in diesem Moment den Barmann entdeckt, und er scheinbar auch sie. Seine Kinnlade war heruntergeklappt, und zu allem Überfluss schielte er. Alles in allem ein sehr intelligenter Ausdruck. Lina hopste auf einen Barhocker, klappte dem Barkeeper das Mäulchen zu und bestellte eine Zitronenlimonade. Und nur sie und der Kater, der Adriano hieß, sahen das Band, das plötzlich ihre Herzen verband.

Und so begann die lustigste Zeit ihres Lebens. Herzerfrischende Plaudereien mit den Tieren in der Bar, Reisen mit Adriano und wunderbare Partys, Geschichten am Kamin von den weltbesten Geschichtenerzählern, und der kleine Engel und ihr Barmann bezogen ihr Sommerhaus (das sie liebevoll Zauberschlösschen nannten) in den schottischen Highlands, das Adriano mit seinem Werkzeug verschönerte und Lina mit etwas Engelsstaub sicher und bewohnbar machte. Oft schmunzelte sie, wenn Adriano mal wieder stolz eines seiner Werke betrachtete und nicht merkte, dass es nur durch Engelskunst zusammenhielt.

Und niemand wunderte sich, dass die zwei am 23.12. Jahr für Jahr alle Freunde einluden und mit ihnen Weihnachten feierten, und die besten Geschichtenerzähler der Welt saßen um den Kamin und lasen aus ihren neuen und alten Werken, und der Weihnachtsbaum strahlte und Kuhkatze Lillie trank mit Lina Punsch mit Schuss und alle sangen die schönsten Weihnachtslieder.

Gary hatte wie immer gleich zwei „Bekanntschaften" mitgebracht, und Gatito und Charlyn tanzten mit dem Krümelkater um den Baum. Und wenn alle Gäste gegangen waren, sah man Lina und Adriano bis zum 27. Dezember nicht wieder. Und auch Adriano stellte keine Fragen, wenn die Zwei mit ihrer Kuscheldecke, Getränken und allerlei Leckereien für drei Tage und Nächte im Keller des Zauberschlösschens verschwanden, denn er war glücklich mit Allem... nur sein Pfeifchen vermisste er an den Abenden im Keller.

Und so vergingen die Jahre, und die Beiden machten wundervolle Reisen über den ganzen Erdball, freuten sich auf die Kreuzfahrten mit all ihren Freunden und feierten jedes Jahr am 23. Dezember mit allen zusammen das Weihnachtsfest. Und als sie ihr 15. Weihnachten zusammen feierten, fehlten die ersten Freunde, und ihre Bilder hingen über dem Kaminfeuer, und man erzählte wieder Geschichten von den gemeinsamen Abenteuern, und Lillie plauderte mit Biene über Krankheiten, aber nach dem zweiten froschgrünen Gläschen lachten wieder alle über die lustigsten Erinnerungen.

Und an ihrem 20. Weihnachten waren nur noch der Krümel und Gary (nicht ohne zwei Bekanntschaften) gekommen, der Bilderreigen über dem Kamin war sehr groß geworden, und als die Gäste nach Haus gingen und noch lange winkten, wurde das Haus still, und Lina und Adriano schliefen vor dem Feuer in ihrem Lehnsessel auf der geliebten Decke ein, die Dank Engelsstaub niemals alt geworden war.

Und so verschliefen sie die Nacht, und als sie am Morgen erwachten, standen mehrere Engel vor Ihnen. „Es ist Zeit zu gehen, Angelina", sagte der Älteste von ihnen, und sie nahmen sie in ihre Mitte. Doch Lina erwischte einen Zipfel von Adrianos Fell, und so merkte keiner der Engel, dass sie nun zu zweit die Reise zur Galaxie der Engel antraten. Und genauso trat der kleine Engel vor seinen Chefengel, mit Adriano an der Pfote, und das Band, das zwischen ihnen bestand, hatte sie fest um sich und ihren kleinen Barmann geschlungen.

„Angelina, er kann hier nicht bleiben", sagte der Chefengel traurig, als er Angelinas wild entschlossenen Blick sah und die strenge Falte auf ihrer Stirn. „Dann geh ich mit ihm zurück", sagte Lina und stampfte so kräftig mit den Pfoten auf, dass der Schreibtisch des Chefengels wackelte und sein Himmelskaffee sich auf den Akten ausbreitete. Der wurde nun so wütend, dass er mit der Faust auf den Schreibtisch schlug, und sein Engelsstaub und Angelinas mischten sich und explodierten in einem gigantischen Feuerwerk...

Und niemand sah, wie alle im Raum in verschieden Richtungen geschleudert wurde, und Angelina hielt Adrianos Pfote fest und sie flogen durch die Galaxien bis zu einem kleinen Stern in der Nähe der Waage.

Und wenn ihr in der Nacht vom 23. auf den 24. Dezember ein sehr gutes Teleskop habt oder in einer der großen Sternwarten schauen könnt, und wenn es sternenklar ist und ihr Glück habt, seht ihr Angelina und Adriano auf der Engelstaubdecke auf ihrem Stern, und Lina erzählt all die alten Geschichten von den wunderbaren Freunden und singt ihre Lieblingslieder.

Herbstgedanken eines Katers

Welch ein Licht!

Die Aprilmorgensonne strahlt und vergoldet dein feines Gesicht.

Du spielst abseits der Wege, tobst durch Blätter, gelbe, rote, braune,

mit einer ansteckend verzückten, völlig verrückten Laune,

denn die Zeit hat für dich kein Gewicht.

Welch ein Licht!

Die Julimittagssonne strahlt, doch du siehst sie nicht,

verliebt streifst du mit der Liebsten durch dein Revier, blind für die all die Pracht,

für euch gibt es jetzt and're Sterne, die euch leuchten Tag und Nacht,

und Zeit hat für euch kein Gewicht.

Welch ein Licht!

Welch ein Licht!

Kein Wort beschreibt es, und kein Gedicht,

der Wind spielt mit Blättern, zerzaust dein schönes Fell, und manchmal hältst du inne,

in der warmen Sonne des Oktobernachmittags, entspannt lauschen die Sinne,

allein die Zeit, die hält nicht an, kennt deine Träume nicht.

Welch ein Licht!

Diesen Winter spürst du nicht.

Du bist verzückt, im Flug der bunten Blätter, im letzten warmen Strahl der Abendsonne,

spürst wie sie dich ruft, mit dem Wind, im Herzen die Liebe, die Wonne,

endlose Zeit, in den Augen der Liebsten das letzte, das hellste Licht.

Welch ein Licht!